Lieselotte

sucht

Alexander Steffensmeier

CARLSEN

Jeden Morgen treffen sich die Postkuh Lieselotte und der Postbote im Dorf, um die Post auszutragen. »Für die Bäuerin haben wir heute auch ein Paket«, sagt der Postbote. »Da wird sie sich freuen!«

»Und für dein Herrchen ist auch etwas dabei!«, sagt der Postbote zum Hund des Ladenbesitzers.

»Haben wir alles?
Dann nichts wie los!«

Ihr erstes Ziel ist Onkel Erwins Tante-Emma-Laden gleich neben dem Postamt. »Sehr schön!«, ruft Onkel Erwin. »Darauf habe ich schon gewartet.«

Auch die anderen Dorfbewohner freuen sich. »Toll!«, sagt der Tierarzt. »Das wird jemanden in Schwung bringen!«

»Bestens«, ruft die Bürgermeisterin. »Dann kann der nächste Herbst ja kommen!«

»Wunderbar!«, brummt der Wirt vom Gasthaus. »Diese Sommerhitze macht mich fertig!«

»Klasse!«, sagt Kieselkötters Käthe. »Da wartet schon jemand ganz ungeduldig!«

»Halt, für mich ist auch eins dabei!«, ruft der Postbote, als sie an seinem Haus vorbeikommen. Schnell fischt er sein Paket aus der Tasche.
»Jetzt dürfte da nur noch das Paket für die Bäuerin drin sein.«

»Wie leicht sich das Paket anfühlt«, denkt Lieselotte auf dem Weg zum Bauernhof. »Ich bin gespannt, was die Bäuerin da bekommt.«

Die Bäuerin ist unterdessen zum Einkaufen ins Dorf gefahren. Sie parkt den Traktor neben dem Postamt und geht schnurstracks zum Tante-Emma-Laden.

»Ich hoffe, du kommst nicht wegen der Einmachgläser«, sagt Onkel Erwin. »Die sind leider noch nicht wieder reingekommen.«

»Keine Sorge«, meint die Bäuerin. »Ich habe inzwischen selber welche bestellt. Das Paket kommt hoffentlich heute noch an.« Stattdessen kauft die Bäuerin noch mehr Zucker zum Marmeladekochen. »So viele Erdbeeren wie in diesem Jahr hatte ich noch nie!«

Als die Bäuerin zurück zum Traktor kommt, sieht sie ein Paket daneben stehen. »Das ist ja für mich! Lieselotte und der Postbote haben bestimmt den Traktor gesehen und mir das Paket gleich dagelassen.

So ein Glück!«

»So ein Pech!

Ein Paket kann doch nicht einfach so verschwinden! Es muss uns unterwegs aus der Tasche gefallen sein. Los, Lieselotte! Wir müssen es wiederfinden!«

Sie laufen zurück Richtung Dorf.
»Käthe, hast du irgendwo ein Paket für die Bäuerin herumliegen sehen?«
»Leider nein«, antwortet sie.

Als sie fast wieder im Dorf sind, kommt ihnen die Bäuerin auf dem Traktor entgegen und knattert fröhlich winkend an ihnen vorbei. Wie gut, dass sich Lieselotte und der Postbote nichts anmerken lassen.

»Wir suchen ein Paket!«
»Nichts bemerkt«,
brummt der Wirt.

»Hast du ein Paket für
die Bäuerin gesehen?«
»Leider nein«, sagt die
Bürgermeisterin.

»Wir vermissen ein Paket!«
»Tut mir leid«, meint der Tierarzt.

»Hast du vielleicht ein Paket für die Bäuerin gesehen?«, fragt der Postbote Onkel Erwin.

»Oje!« sagt Onkel Erwin. »Die Bäuerin hat mir vorhin noch erzählt, dass sie ganz dringend auf ein Paket mit Einmachgläsern wartet.«

Auch im Postamt finden sie nichts. »Wie sollen wir der Bäuerin nur erklären, dass wir ihr Paket verloren haben?«, ruft der Postbote.

Da hat Lieselotte
plötzlich eine Idee.

»Wir brauchen leere Gläser«, sagt der Postbote.
»Gehen auch volle?«, fragt Onkel Erwin.
»Dann könntet ihr ein Glas Honig haben.«

»Dieses alte Medizinglas hätte ich übrig«, sagt der Tierarzt.

»Ich hoffe, ihr mögt saure Gurken«, schreit die Bürgermeisterin.

»Holt euch einfach ein leeres Bierglas aus der Gaststube«, seufzt der Wirt vom zufrieden.

»Ihr könnt ein Glas Apfelmus haben«, bietet Kieselkötters Käthe an.

Zurück beim Post-
boten fehlt ihnen nur
noch ein leerer
Karton. Wie gut, dass
er heute ein Paket
von seiner Mutter
bekommen hat!

Doch als sie mit dem frisch gepackten Paket zum Bauernhof gehen …

… beginnen die beiden an ihrem Plan zu zweifeln.

Bestimmt wird die Bäuerin merken, dass das nicht die Gläser sind, die sie bestellt hat.

»Oh, ist das für mich?«, fragt die Bäuerin und beginnt das Paket auszupacken.

»Ach, ihr seid doch die Besten!«,
ruft sie begeistert. »Erst stellt ihr mir das Paket mit den Einmachgläsern neben den Traktor, und jetzt bringt ihr mir sogar noch mehr leere Gläser! Woher wisst ihr, wie gut ich die gebrauchen kann?«
»Neben den Traktor ...?«, murmelt der Postbote verwundert.
»AUTSCH! Das war mein Fuß, Lieselotte!«
»Ist alles in Ordnung?«, fragt die Bäuerin.
»Ihr seht heute irgendwie besonders erschöpft aus ...
Aber da habe ich genau die richtige Stärkung für euch!«

Eigentlich sind Lieselotte und der Postbote schon ziemlich satt von den Bonbons und dem Honig. Und den sauren Gurken. Und dem Apfelmus. Aber die Marmelade der Bäuerin müssen sie dann doch noch probieren.